Couverture inférieure manquante

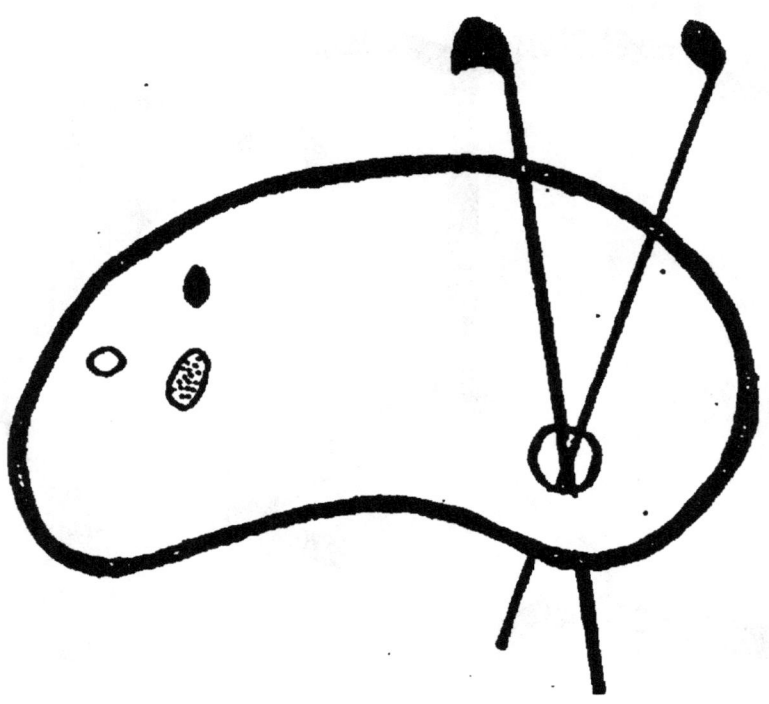

DEBUT D'UNE SERIE DE DOCUMENTS EN COULEUR

LA FRANCE COLONIALE

NOTRE
PROTECTORAT TUNISIEN

(PREMIÈRE PARTIE)

ÉTUDE HISTORIQUE ET GÉOGRAPHIQUE

SUR

LA TUNISIE FRANÇAISE

PAR

F. VERMARE

Professeur

Lauréat et Membre de plusieurs Sociétés d'Instruction et d'Éducation

*Ouvrage honoré d'une Médaille d'argent
à l'Exposition universelle et coloniale de Lyon 1894*

POITIERS

FRANÇAISE D'IMPRIMERIE ET DE LIBRAIRIE

(TYPOGRAPHIE OUDIN ET Cie)

4, RUE DE L'ÉPERON, 4.

1898

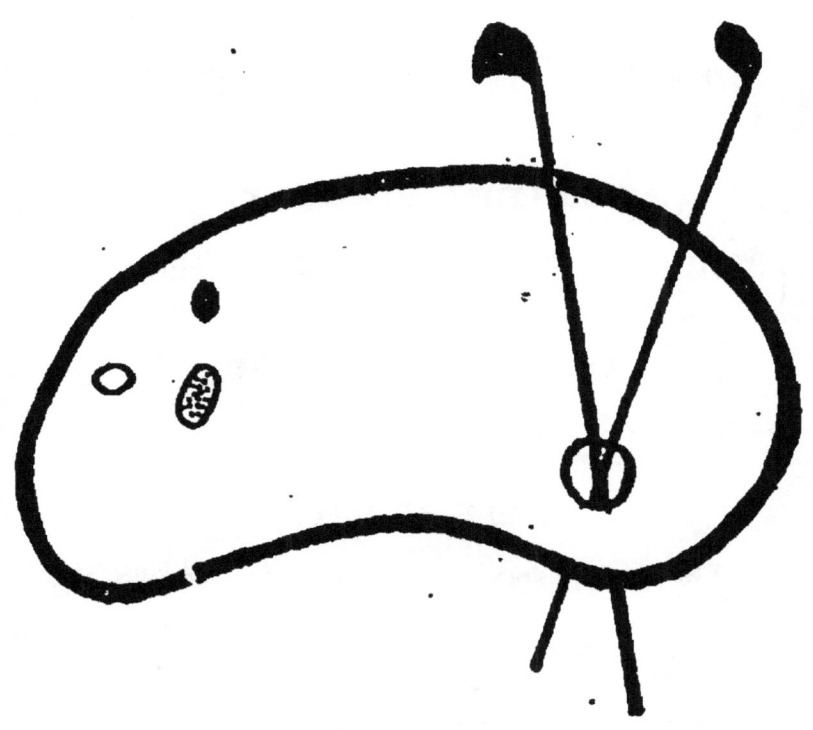

FIN D'UNE SERIE DE DOCUMENTS EN COULEUR

LA FRANCE COLONIALE

NOTRE
PROTECTORAT TUNISIEN

(PREMIÈRE PARTIE)

ÉTUDE HISTORIQUE ET GÉOGRAPHIQUE

SUR

LA TUNISIE FRANÇAISE

PAR

F. VERMARE

Professeur
Lauréat et Membre de plusieurs Sociétés d'Instruction et d'Éducation

*Ouvrage honoré d'une Médaille d'argent
à l'Exposition universelle et coloniale de Lyon 1894*

POITIERS
SOCIÉTÉ FRANÇAISE D'IMPRIMERIE ET DE LIBRAIRIE
(TYPOGRAPHIE OUDIN ET Cⁱᵉ)
4, RUE DE L'ÉPERON, 4.
1898

PROTECTORAT TUNISIEN

Histoire.

Dans l'antiquité, Carthage fut le principal siège de la puissance phénicienne. Dès le v⁰ siècle avant Jésus-Christ, les Carthaginois possédèrent, du cap Bon au lac Triton, un territoire de 75 lieues de long sur 60 de profondeur, correspondant à la Tunisie actuelle augmentée d'une partie du département de Constantine.

La Tunisie conquise par les Romains devint la province romaine d'Africa. Soumise au v⁰ siècle par les Vandales, elle fut reprise sur eux par les Grecs. Au vii⁰ siècle, les Arabes en firent la conquête et y fondèrent Kairouan qui devint leur capitale.

Plusieurs dynasties étendirent successivement leur domination sur la Tunisie : celles des Gassaindes, des Aglabites, des Fatimites, des Almohedes et des Hapides. Vers 1270 commence la dynastie des Nérinides. La même année, Louis IX (saint Louis), qui dirigeait une croisade contre Tunis, mourut de la peste devant cette ville. En 1390, Charles VI et les Génois entreprirent contre le roi de Tunis une expédition qui ne réussit pas. En 1509, les Espagnols dirigèrent une expédition contre les pirates barbaresques.

En 1535, sous les ordres de Charles-Quint, ils s'emparèrent de Tunis. En 1570, les Turcs s'installèrent à Tunis; mais ils ne purent y établir un vrai gouvernement. Il se produisait constamment des révoltes et des scènes de désordres. On avait sans cesse à déplorer des actes de piraterie.

En 1685, la France obtint du ben Mohammed un traité de commerce.

Ibrahim-bey ayant été fait prisonnier dans un combat contre les Algériens, Hassan-ben-Ali s'empara du pouvoir et fonda la dynastie des Hassenides à laquelle appartient le bey actuel.

En 1770, à la suite d'actes de piraterie, la flotte française bombarda Porto-Farina, Bizerte et Monastir.

En 1816, Mahmoud abolit l'esclavage des chrétiens. En 1871, un firman du sultan consacra l'émancipation de la Tunisie.

En 1880, la France a conquis la Tunisie, parce qu'elle avait de sérieux motifs de mécontentement contre le bey. Des naufragés français s'étaient vus dévalisés sur les côtes. De plus, il arrivait fréquemment que les tribus à demi sauvages de la Kroumirie faisaient des incursions sur le territoire algérien. Or le bey n'ayant pas voulu réprimer ces actes de brigandage, la France entreprit l'expédition de Tunisie dont le résultat fut de placer ce pays sous le protectorat français. Le bey a reconnu les faits accomplis par le traité du Bardo signé le 12 mai 1881.

Situation. — Superficie.

La Tunisie est située entre 5°10' et 9°15' de longitude orientale, et entre 32° et 37°25' de latitude septentrionale. Ses bornes sont : au nord et à l'est la mer Méditerranée, à l'ouest l'Algérie, au sud le désert du Sahara et la Tripolitaine.

La superficie de la Tunisie est de 13 millions d'hectares environ.

Topographie.

La Tunisie se divise en trois zones :
1° Au nord, la zone du Tell qui est formée

surtout de plaines, de vallées et de collines propres à la culture de la vigne et des céréales.

2° Au centre, la zone des Hauts-Plateaux, formée de chaînons pierreux et de steppes.

3° Au sud, la zone saharienne, où l'on rencontre des oasis très fertiles.

Les montagnes de la Tunisie continuent la chaîne algérienne de la province de Constantine.

Toutefois la direction des massifs montagneux n'est plus la même; ils obliquent tous vers le nord-est.

Un des principaux massifs est celui qui s'étend entre la côte de Tabarca et la Medjerda; quelques-uns de ses sommets atteignent plus de 1.300 mètres.

Par sa structure générale, sa formation géologique et les populations qui l'habitent, il rappelle le massif kabylien du Djurdjura. Au sud de la Medjerda s'étend une seconde chaîne qui du Djebel-Dir, près de Tébessa, se continue par le Djebel-Bahara, massif volcanique. De l'autre côté de la Medjerda, la chaîne projette les cimes du Djebel-Eidouss, dont les ramifications finissent près de Porto-Farina.

Une troisième chaîne qui divise la Tunisie en deux versants comprend le Djebel-Berbérou, la région des Hamadas, le Djebel-Serdj, le Djebel-Zaghouan, le Djebel-Zid, et se termine au cap Bon.

Littoral.

A partir du cap Bon, la côte se dirige du nord au sud jusqu'à la baie d'El-Biban. En suivant le littoral, à partir de la Calle, on remarque l'île de Tabarca avec le Bordj-Djédid qui commande l'issue des vallées du pays des Khroumirs. La côte, qui est sablonneuse, ne présente aucun mouillage important jusqu'à Bizerte. Cette petite ville est placée entre la mer et le lac Tindjar, très poissonneux. Entre le golfe de Tunis et Bizerte s'ouvre la lagune d'El-Bahira que garde Porto-Farina, port excellemment situé au débouché de la Medjerda.

Avant l'établissement d'un port en eau profonde à Tunis, la capitale de la Tunisie, située au fond de la lagune d'El-Bahira, communiquait avec la haute mer par le port de la Goulette.

De Tunis à la frontière tripolitaine s'étend le Sahel. La plupart des ports de cette côte sont inaccessibles aux navires. On remarque Sousse, Monastir, Mahédia, Sfax. La rade du port de Sfax est abritée par les îles Kerkennah.

En descendant, on rencontre le golfe de Gabès, au fond duquel est le port de Gabès. Ce golfe est fermé au sud par l'île Djerba.

Hydrographie.

Les rivières qui arrosent la Tunisie ont leur écoulement au nord, dans la mer Méditerranée ; au centre, dans les Sebkas ou petits lacs des plaines, et au sud dans les Chotts ou grands lacs du Sahara.

Les principales sont :

1° La Medjerda qui a son bassin inférieur et moyen en Tunisie. Une épaisse couche d'alluvions s'est déposée sur ses rives. Elle vient du territoire algérien, entre dans le pays des Khroumirs, passe à Souk-el-Arba, reçoit l'Oued-Mellègue qui a, lui aussi, sa source en Algérie, reçoit encore l'Oued-Tessa et la Siliana, venus des montagnes du centre de la Tunisie. La Medjerda, dont la longueur est de plus de 600 kilomètres, se jette dans un étang voisin de Tunis. Un grau fait communiquer cet étang avec la mer.

2° L'Oued-Miliana qui se jette dans le golfe de Tunis, au sud de la Goulette, après un parcours de 140 kilomètres. Elle prend sa source dans les monts de la Tunisie centrale et fertilise la plaine du Fahs.

3° L'Oued-Bagla qui descend de la région de Tébessa et finit dans le lac Kelbia. A l'époque des grandes eaux, cette rivière se jette dans la mer Méditerranée.

Le versant sud n'a pas de rivières proprement dites, mais des Sebkas à demi desséchées en été, marécageuses en hiver, où se jettent des petits cours d'eau au débit intermittent.

La région saharienne est traversée par la dépression des chotts Gharsa, el-Djerid, el-Fedjedj, qui sont de 24 mètres au-dessous du niveau de la mer.

Au nord on remarque les lacs d'Eckeul et de Bizerte, qui communiquent avec la mer par un canal; au sud la Sebka, qui a de l'eau sur 8.000 hectares en temps de sécheresse, et sur 13.000 en temps humide. La Sebka a pour déversoir la Sebka-Sidi-el-Hani, près de Kairouan.

Climat.

Le climat de la Tunisie est généralement sain; les régions fiévreuses sont rares.

Pendant l'été le climat est chaud.

Néanmoins, grâce aux vents du nord et du nord-est qui règnent pendant une partie de la saison chaude, ce climat appartient à la zone tempérée.

La température moyenne par année est de 18° à Bizerte, 19° à Sfax et à Gabès, 20° à Sousse et à Tunis, 21° à Kairouan.

Les pluies sont assez abondantes en Tunisie. Il pleut, chaque année, pendant quatre-vingt-dix jours environ.

Productions naturelles.

1° *Minéraux*. — Il y a des mines de plomb à Djebel-Ressas et à Souk-el-Khémis. On trouve en assez grande abondance des minerais de fer à Bou-Lavagne, à Djebel-Bellif, à Ras-er-Radjeb et à Canara, mais ils sont à peine exploités. Il y a aussi des mines de fer à Tamera, des mines de plomb et de zinc à Kanguet-el-Tout, des mines de zinc près de Teboursouk, des mines d'argent près de Bizerte. Dans le nord de la Tunisie, on rencontre beaucoup de carrières de marbre. La plus importante est celle de Chemtou.

Les sources thermales les plus renommées de la Tunisie sont celles de Hammam-Lif, près de

Tunis, dont la température est de 47°; de Hammam, Kourbès (température de 30°); de Gabès (température de 45°). Ces dernières sont légèrement sulfureuses.

2° *Végétaux*. — Dans l'antiquité, la Tunisie était célèbre par sa fertilité. A Rome, on la considérait comme le grenier de l'Italie.

De nos jours, les régions les plus fertiles sont la vallée de la Medjerda et le pays d'Utique.

L'une des principales cultures est celle des oliviers. On en compte plus de 8 millions dans toute la Tunisie; le Sahel seul en a 3 millions.

De nombreux palmiers fournissent des dattes renommées. On cultive aussi beaucoup de légumes, surtout dans le nord de la Tunisie.

Les steppes du sud produisent principalement l'alfa dont l'exportation atteint pour chaque année le chiffre de 1.500.000 francs.

Mais la vigne surtout est appelée à devenir le principal produit de la Tunisie, car les colons français s'adonnent entièrement à cette culture dont les résultats sont excellents.

De plus, la Tunisie possède de grandes et belles forêts, surtout en Khroumirie. On y trouve des pins d'Alep, des chênes verts, des oliviers sauvages, des genévriers, des acacias et des chênes-lièges.

3° *Animaux*. — Il y a, en Tunisie, beaucoup de chevaux, de chameaux, de mulets et d'ânes. On y trouve de nombreux troupeaux de bœufs et de moutons. Aux environs du lac de Bizerte se rencontrent quelques buffles. Il y a, dans le Sahara tunisien, beaucoup de serpents et de scorpions dont la piqûre est très venimeuse.

Les côtes de la Tunisie sont poissonneuses. On y pêche les thons, les poulpes et les éponges. Le corail se rencontre aux environs de Tabarca et au large de Sfax et des îles Kerkenah.

Comme on le voit, ce pays est appelé à devenir, sous le protectorat de la France, la terre privilégiée qu'il était au temps de la domination romaine.

Villes et lieux remarquables

La Tunisie a pour capitale Tunis, 150.000 habitants — Cette ville est bâtie sur la pente d'une colline, près d'un lac peu profond qui la sépare de la mer.

Tunis se divise en quatre parties : 1° la ville proprement dite, qui a 1.600 mètres de long et 800 mètres de large ; 2° le faubourg de Bab-es-Souika au nord, habité par les Juifs ; 3° le faubourg de Bab-ed-Djezira, au sud ; 4° le quartier

Franc. Ces deux dernières parties sont habitées par les Européens. Les Musulmans habitent la ville haute, la Kasbah.

La population de Tunis est très variée. On y rencontre des Juifs en grand nombre, après viennent les Italiens, les Maltais, les Français.

Tunis a six portes, plusieurs casernes et différentes places dont les plus remarquables sont celles de la Kasbah et de la Marine.

Parmi les plus belles mosquées, il convient de citer celles de Djama-el-Kasbah, de Djama-es-Zitouna, de Djama-Sidi-Mahrez. Il y a aussi à Tunis une cathédrale, une chapelle, des chrétiens grecs et plusieurs synagogues.

Les autres édifices publics qui méritent d'être visités sont : le Dar-el-Bey, palais du bey ; la municipalité, la douane, l'hôpital d'El-Moroustan, la bibliothèque, plusieurs fontaines et des marchés.

Les principaux marchés ou bazars s'appellent : le Souk-el-Attarin (marché des parfums), le Souk-el-Bey (marché des bijoux), le Souk-el-Blat (marché aux laines).

Tunis a de nombreuses manufactures de soieries, de lainages, de fez et calottes.

En dehors de la ville se trouve le château fort

appelé le Bardo, où fut signé le traité du 12 mai 1881.

Le port de Tunis est la Goulette, petite ville de 5.000 habitants. Tunis est reliée à la Goulette par un chemin de fer et par un service de bateaux à vapeur qui traversent le lac.

Carthage, située non loin de Tunis, offre encore aux visiteurs quelques ruines et la trace de ses anciens ports. On peut voir aux environs la chapelle de Saint-Louis et le couvent des Pères blancs d'Afrique.

Les autres villes et lieux remarquables de la Tunisie sont :

Bizerte, située dans une région fertile. Sa population est de 10.000 hab. Cette ville est bâtie sur l'isthme qui sépare la mer du lac de Bizerte. Son port est appelé à devenir très important, car de grands travaux y ont déjà été faits. La passe, récemment creusée, forme un canal où les navires de guerre peuvent s'abriter dans le lac. La ville de Bizerte fait surtout le commerce des laines et des céréales Les pêcheurs de corail de la côte se donnent rendez-vous dans son port.

Sfax, ville de 40.000 habitants, divisée en deux parties distinctes : la ville haute habitée par les Musulmans ; la ville basse habitée par les Chrétiens et les Juifs. Sfax possède une bonne rade. Le plus grand nombre des habitants est occupé par la pêche aux éponges ; les autres s'adonnent à l'agriculture. Il y a dans cette ville plusieurs mosquées, des bazars, des écoles, une église, une synagogue et un couvent des religieuses de Saint-Joseph.

Gafsa, située dans une région très fertile, est le chef-lieu d'une oasis. Cette ville compte 6.000 habitants environ. Elle fait principalement le commerce des laines et des dattes. On y fabrique de beaux burnous et des couvertures de laine fort estimées. C'est une station importante de caravanes.

Gabès, petit port de 20.000 habitants. Les principales cultures sont celles de la vigne, des arbres fruitiers, de la garance et du senné. C'est l'un des plus importants marchés du sud de la Régence pour l'exploitation des laines, des dattes et de l'alfa.

Sousse, ville de 20.000 habitants, est située au milieu d'une région fertile en oliviers. Les habitants s'adonnent au commerce.

Méhédia renferme une population de 10.000 habitants. Cette ville fait un commerce relativement considérable. Elle fut fondée au xe siècle de notre ère par Odeïd-Allah sur l'emplacement d'une ville romaine.

Kairouan, la métropole religieuse du Magreb, ne compte plus aujourd'hui que 25.000 habitants. Elle en renfermait 500.000 au temps des Aglabites. C'est une importante place de commerce et le centre des caravanes. Les deux plus belles mosquées de la ville sont celles de Djama-Kébir et de Sidi-Okba.

Le Kef a une population de 5000 habitants. Son nom signifie montagne escarpée. C'est une place fort importante. On récolte sur son territoire beaucoup de céréales. On y élève de nombreux troupeaux de moutons.

Population.

La population de la Tunisie est de 1.500.000 habitants — La population française dans la Régence est de 20.000 habitants seulement, en comprenant les troupes d'occupation.

La population de la Tunisie se compose de races fort diverses, mais le fond principal est formé par les Berbères, qui sont d'ailleurs les plus nombreux. Autour des villes et des villages ils cultivent le sol. Beaucoup vivent à l'état nomade dans les Hauts Plateaux et la région montagneuse. Tels sont les Khroumirs et les Makenas. Les Arabes sont répandus surtout dans le Sahara et les Hauts Plateaux. Dans les villes on rencontre principalement des Maures et des Juifs. Parmi les Européens, l'élément italien domine.

La langue parlée est l'arabe.

La langue officielle est le français.

La religion pratiquée par les habitants du pays est l'islamisme ; mais la religion juive, le catholicisme et le protestantisme sont également représentés.

Industrie et commerce.

L'industrie n'a pas encore acquis un grand développement en Tunisie. Tout au plus peut-on citer la fabrication des tissus de laines de Djerid, celle des broderies de Tunis et des étoffes de laine et de soie de l'île Djerba comme ayant quelque importance. Il y a aussi des fabriques de parfums. Mais la principale industrie du pays consiste dans la fabrication des nattes, des tapis, des babouches, des bottes et des selles. Les colons français ont installé un certain nombre de minoteries, briqueteries et huileries.

Le commerce tunisien comprend les articles suivants d'exportation et d'importation :

1° *Exportation*. — Orge, blé dur, légumes,

huile d'olive, dattes, pistaches, amandes, oranges, citrons, figues, raisins, fèves, miel, cire, thon salé, alfa, tabac, éponges, corail, soieries, tissus. — En 1894, le commerce d'exportation a atteint le chiffre de 47.525.784 fr., dont 25.912.088 fr. avec la France et l'Algérie.

2° *Importation*. — Sucres bruts, café, tissus de coton, soieries, produits pharmaceutiques, quincaillerie, vins et liqueurs, substances alimentaires, bougies, armes, papier, bijoux, houille, bois de construction. En 1894, le commerce d'importation a atteint le chiffre de 41.922.715 fr., dont 23.338.747 fr. avec la France et l'Algérie.

Importance de la navigation. — La marine marchande de la Tunisie compte 405 navires jaugeant chacun de 100 à 150 tonneaux. — En 1894, il est entré dans les ports de notre protectorat 9.088 navires jaugeant ensemble 2 millions 010.689 tonneaux, dont 2.411 vapeurs jaugeant 1.903.175 tonneaux. Dans ce nombre il y avait 1.545 navires français jaugeant 1.091.795 tonneaux.

Chemins de fer et voies de communication.

En 1894, on comptait, en Tunisie, 368 kilom. de chemins de fer en exploitation.

Les principales lignes du réseau tunisien actuel sont :

1" De Tunis à Ghardimaou, par la vallée de la Medjerda (longueur 199 kilom.), avec le tronçon de Tunis à Hammam-Lif (longueur 16 kilom.). Cette ligne appartient à la Compagnie Bône-Guelma.

2° De Tunis à la Goulette, par la Marsa et le Bardo (longueur 25 kilom.).

3° De Sousse à Kairouan (longueur 58 kilom.).

4° De Tunis à Nebeul et de Tunis à Bizerte.

5° De Tunis à Kairouan et à Sousse.

Il n'y a pas, en Tunisie, de routes proprement dites, mais des pistes suivies par des voitures légères.

Postes et télégraphes. — En 1894, il y avait en Tunisie 221 bureaux de poste et 73 bureaux télégraphiques. La longueur des lignes télégraphiques était de 2.456 kilom. — De nombreuses compagnies de navigation de Marseille et d'Italie mettent la Tunisie en communication avec la France et les autres états de l'Europe. Un câble sous-marin va de Marseille à Tunis et à Bizerte.

Division politique, administrative et religieuse.

Régime colonial. — La Tunisie est une possession d'un bey protégé par la France en vertu du traité du 12 mai 1881, complété par la convention du 8 juin 1883. Notre gouvernement est représenté dans cette colonie par un résident général. L'administration du protectorat relève du Ministère des Affaires étrangères. Son Altesse le bey est assisté de six ministres : les ministres de l'intérieur et de la justice qui sont tunisiens ; les ministres de la guerre, des finances, des travaux publics et des affaires étrangères, qui sont français.

Commandements militaires. — Les trois commandements militaires de la Tunisie sont ceux de Tunis, de Gafsa et de Gabès.

Districts civils. — Les 13 districts civils sont ceux de la Goulette, Tunis, Beja, Sousse, Nebeul, Sfax, Djerba, Tozeur, Kairouan, Matkar, Kef, Souk-el-Arba et Bizerte.

Armée de terre. — L'armée d'occupation compte environ 10.000 hommes. Elle comprend les 4e régiments de Zouaves, de tirailleurs, de chasseurs d'Afrique détachés d'Algérie ; le

4ᵉ bataillon de discipline ; des détachements d'artillerie, de génie, et du train des équipages. Cette armée est sous les ordres d'un général de brigade français.

La garde d'honneur qui a été accordée au bey comprend un bataillon, un peloton de cavalerie et une section d'artillerie de soldats tunisiens.

Marine. — Un croiseur et plusieurs torpilleurs stationnent sur les côtes de la Tunisie.

Justice. — On compte en Tunisie deux tribunaux de première instance : l'un est à Tunis, l'autre à Sousse. Il y a des tribunaux de paix à Bizerte, Tunis, la Goulette, le Kef, Sfax, Souk-el-Arba, Nebeul et Gabès. Ces tribunaux relèvent de la Cour d'appel d'Alger.

Dans les villes et les tribus, la justice est rendue par les cadis.

Cultes. — Pour le culte catholique, la Tunisie forme un diocèse, l'archevêché de Carthage qui comprend dix-neuf paroisses. On compte deux temples protestants et une dizaine de synagogues. Le chef de la religion musulmane réside à Tunis.

Instruction publique. — Le directeur de l'enseignement en Tunisie est français. Il a sous sa direction le lycée et le collège Sadiki installés à Tunis, l'école normale des instituteurs, l'école secondaire de jeunes filles et soixante-quinze écoles primaires ou maternelles où l'on enseigne le français

L'enseignement musulman est dirigé par le chef de la religion ; il comprend l'école, la mosquée de Tunis et un très grand nombre d'écoles secondaires.

Conclusion

Les colonies ont une grande importance commerciale. Aussi, depuis quelques années, nous dirigeons une partie de nos efforts vers la colonisation.

Dans les conditions actuelles du commerce lointain, il faut que nous soyons entreprenants, vigilants. Il est nécessaire d'avoir de nombreux représentants dans toutes les régions du globe. Pour augmenter ou seulement maintenir notre commerce extérieur, nous devons coloniser de plus en plus. C'est pour cela que le gouvernement français n'hésite pas à entreprendre des expéditions coloniales lointaines qui rendront un jour au centuple ce qu'elles auront coûté.

TABLE DES MATIÈRES

Histoire.	3
Situation. Superficie	5
Topographie.	5
Littoral.	7
Hydrographie.	8
Climat.	9
Productions naturelles.	10
Villes et lieux remarquables.	12
Population	16
Industrie et commerce.	17
Chemins de fer et voies de communication.	18
Division politique, administrative et religieuse.	20
Conclusion.	22

Poitiers. — Soc. franç. d'impr. et de libr. (Oudin et Cie)